# QUESTO LIBRO APPARTIENE A

SUCA

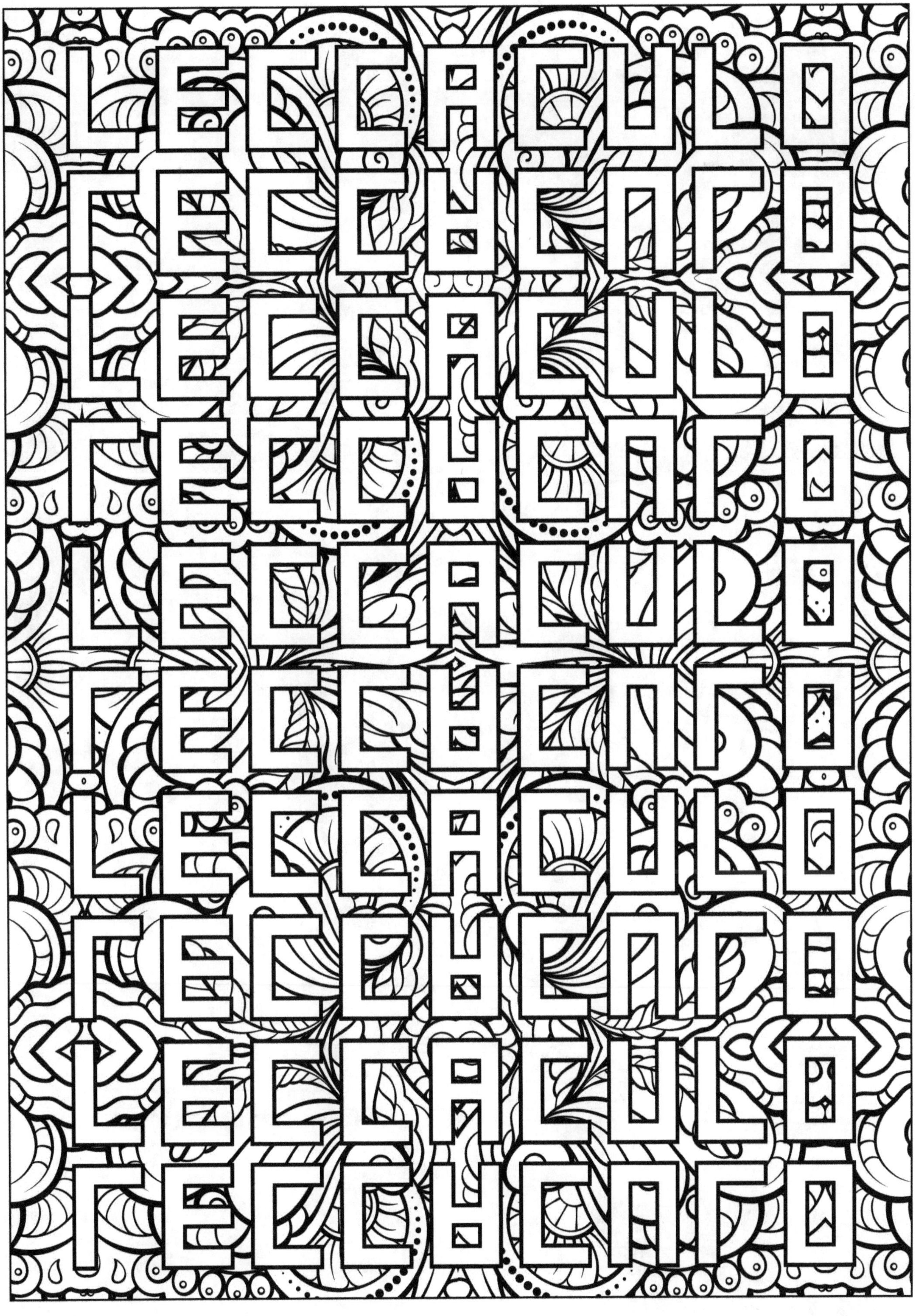
LECCACULO
LECCACULO
LECCACULO
LECCACULO
LECCACULO

figlio
un
cane

CORNUTO

Fongoul

DITALINO

CULO

Ma
Ma
Che!

MEZZA
SEGA

MINCHIA!!

MANNAGGIA
TUA

MA
FAN
KU
LO

INCULARE

INTRO
CULO
DI
MAMMATA

Dio
Santo!

CURNUT!

Creative

CHE TE
POZZINO
AMMAZZA!

A FANABLA! A FANABLA! A FANABLA! A FANABLA! A FANABLA! A FANABLA!

BALDRACCA

CAGACAZZO

CHE
DUE
PALLE

Troia

Alla
pecorina

BASTARDO

brutto
figlio
di
puttana
bastardo

CHE
CAZZO

MERDA!
MERDA!
MERDA!
MERDA!
MERDA!

Pompino

ROTTINCULO

TESTA
DI
MINCHIA

Ditalino

DIO
CANE!

Bacha
ma
culo

CAZZATA

ESSERE
UN
CULO

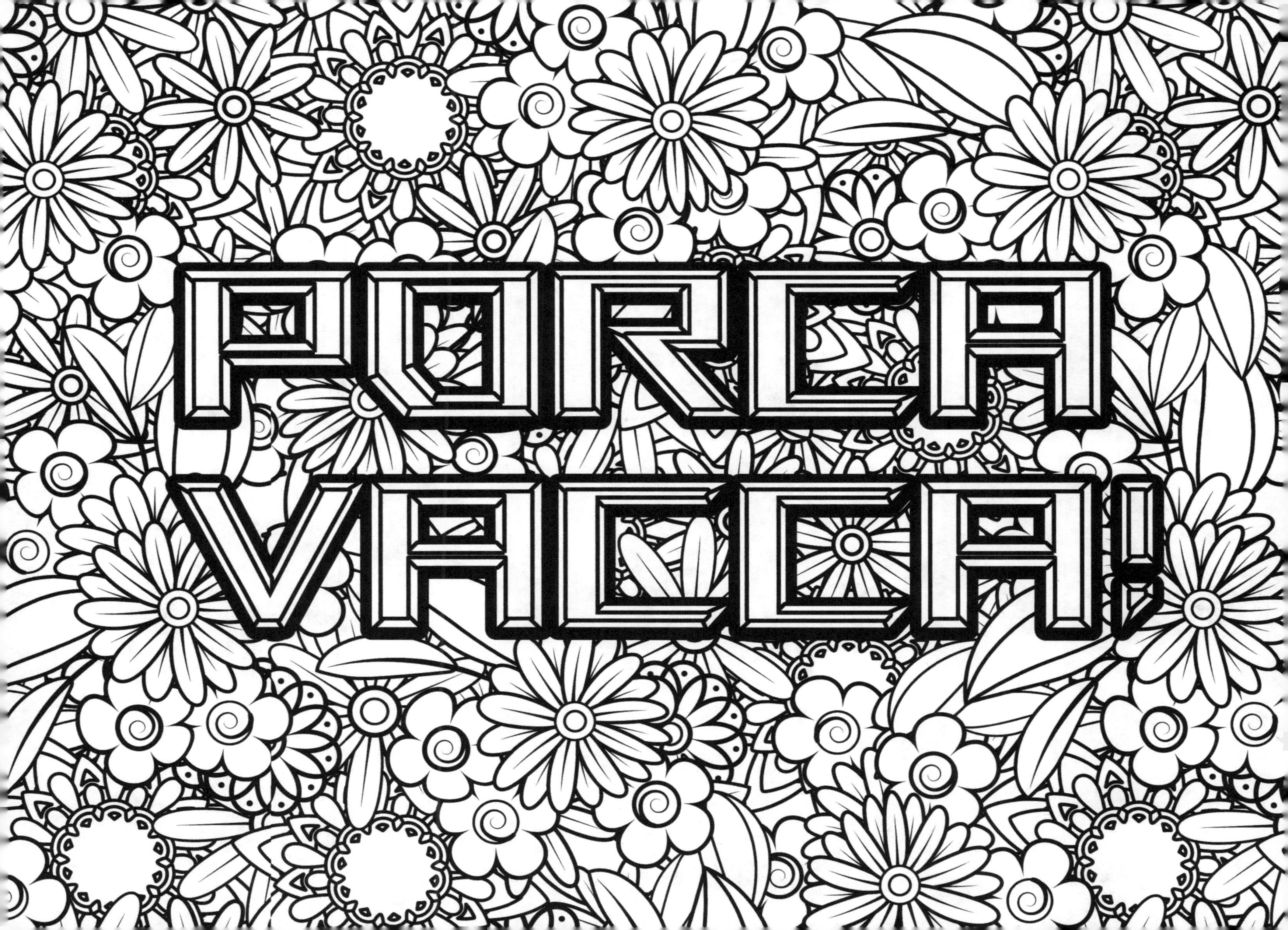
PORCA
VACCA!